JETZT LEBE ICH!

„Hinter jeder Wolke scheint die Sonne"

Wie du es schaffst in 7 Schritten aus jeder Krise einen Erfolg zu machen, lernst auf dich selbst zu achten und die beste Version von dir selbst wirst!

Du bist KEIN Zufall auf dieser Welt!

Dieses Buch widme ich allen, die in ihrem Leben immer versuchen alles zu geben und trotzdem straucheln.

Ihr seid nicht alleine!

Veränderung ist die einzige Konstante im Leben!

Starte JETZT!

Übersicht:

Vorwort

Als ich beschlossen habe ein Buch zu schreiben, wusste ich nicht wie genau ich anfangen sollte. Was ich aber wusste war, dass ich es tun musste. Ich musste es tun, um Etwas zurück zu geben. Ich musste es tun, um mein Wissen und meine Erfahrungen zu teilen. Ich musste es tun, um meine Geschichte zu verpacken in etwas, dass auch anderen Menschen helfen würde ihren selbst bestimmten, glücklichen und erfüllten Weg zu finden. Jetzt lebe ich! Das trifft mein Leben am besten und deshalb war sofort klar, dass mein Buch genauso heißen sollte.

Du fragst dich bestimmt, wer diese Stefanie ist und wieso sie denkt, dass sie ein Buch mit diesem Titel schreiben kann. Nun ja, etwas zurück zu geben ist mein Beweggrund, wie schon erwähnt, aber dennoch möchte ich dir einige Eckdaten geben, die dir zeigen, mit wem du es zu tun hast.

Stefanie Donauer ist mein Mädchenname, den ich nach zwei „gescheiterten Ehen" als angemessen empfunden habe, „back to the roots" sozusagen. Die kurz

Zusammenfassung zu meinem Leben gebe ich dir hier: Geboren wurde ich 1983 als erstes von zwei Kindern und bin in einem 60 Einwohner-Dorf mitten in Bayern ganz behütet aufgewachsen. Meine Realschulzeit verbrachte ich im Internat (freiwillig) und auch danach lief meine schulische und berufliche Laufbahn zunächst reibungslos. Ich zog mit 20 Jahren zu Hause aus und heiratete zum ersten Mal mit 22. Mit 27 wurde ich Mama einer Tochter und mit 31 Jahren kam die erste Trennung. Im Anschluss eine neue Beziehung und die 2. Hochzeit 2017, diese Ehe hielt nur ein Jahr, weil ich nämlich genau in dieser Zeit an einer Depression erkrankt bin und ab dem Zeitpunkt, an dem es mir besser ging, erkannt habe worauf es im Leben wirklich ankommt und wer ich eigentlich wirklich bin. Beruflich bin ich mit 26 Jahren zum ersten Mal in die Selbständigkeit, dann nach 8 Jahren zurück ins Angestelltenverhältnis, habe es dann während meiner 2. Ehe nochmal mit der reinen Selbständigkeit versucht bis ich schließlich meine wahre Berufung gefunden habe, aber auch dazu im Laufe des Buches mehr. Mittlerweile bin ich wirklich ICH selbst und seitdem läuft auch alles so, wie ich es mir immer gewünscht habe.

Genau diese Erfahrungen und meine Höhen und vor allem die Tiefen haben mich hier her gebracht. Viele unzählige

Versuche herauszufinden warum und weshalb etwas passiert oder eben nicht, wieso etwas läuft oder eben nicht, wie ich nach jeder Krise immer wieder Kraft gefunden habe weiter zu machen, genau diese Erfahrungen und Erkenntnisse möchte ich jetzt mit diesem Buch teilen.

Genau aus diesem Grund nehme ich dich jetzt mit auf eine Reise zu dir selbst. Ich lade dich ein, auf diese Reise zu gehen und wünsche mir, dass du dich an der einen oder anderen Stelle selbst erkennst und dich darauf einlassen kannst aus deinem Leben ein Meisterstück zu machen, denn genau darum geht es!

Es heißt LEBEN und nicht überleben!

Einleitung

Für wen ist dieses Buch?

Ich freue mich sehr, dass du mein Buch in deinen Händen hältst und es auch für dich Zeit ist, jetzt zu leben. Was dieses Buch definitiv nicht ist? Es ist kein mit theoretischem Wissen vollgestopfter Ratgeber, den du liest und hinterher vielleicht viele Fachbegriffe gelernt hast, jedoch nicht wirklich etwas für dich mitnehmen kannst. Dieses Buch ist eine Mischung aus Autobiografie, Erfahrungsberichten, ein Arbeitsbuch aber auch ein Wegweiser und eine Motivationshilfe in aussichtslosen Situationen.

Dieses Buch soll dir in aller Kürze zeigen, wozu ich über drei Jahre meines Lebens gebraucht habe. Es soll ein praktisches Werkzeug werden, mit dem du es schaffst, die beste Version von dir selbst zu werden und nicht mehr nur zu überleben, sondern zu leben.

Kommen dir einige der folgenden Dinge bekannt vor?

- Du hast alles was du brauchst und bist dennoch innerlich unzufrieden?
- Du denkst mit dir stimmt irgendetwas nicht?
- Du neigst dazu die Schuld bei dir zu suchen, wenn es Konflikte gibt oder Dinge nicht funktionieren?
- Du denkst: „da muss es doch noch mehr geben als jeden Tag zu funktionieren?"
- Du fühlst dich oft leer und ausgelaugt?
- Du gibst dir alle Mühe und dennoch laufen viele Dinge immer wieder schief?

- Du gehörst zu den Menschen, deren Beziehungen scheitern, die im Job nie lange zufrieden sind und bei denen das Wohl anderer immer wichtiger ist als dein Eigenes?

Dann kommt jetzt die gute Nachricht: du bist mit diesem Buch genau auf dem richtigen Weg!

Ich gebe dir 7 einfache Schritte, die alles verändern können. Lies sie und ziehe die für dich relevanten Themen heraus. Zu den jeweiligen Schritten gibt es immer auch praktische Übungen, mit denen dir die Umsetzung gelingen wird. Ich wünsche mir, dass du mit diesem Buch arbeitest. Lies es einmal oder auch mehrmals, lasse dich darauf ein, denn ich weiß, dass der Inhalt etwas Besonderes ist, das genau du im Moment brauchst.

Was du zu diesem Buch selbst dazu geben musst ist die Bereitschaft, dein Leben auf die nächste Ebene zu bringen und das Versprechen gegenüber dir selbst, dass du es wert bist jetzt zu leben.

„Wir haben nur dieses eine Leben, aber wenn wir es klug anstellen ist dieses Eine genug!"

In diesem Sinne wünsche ich dir eine Menge Spaß beim Lesen und viele Aha-Momente, die dich ins Tun kommen lassen!

Stefanie

Kapitel 1

Was bedeutet eigentlich leben?

„Leben ist das, was passiert während du etwas anderes planst!"
Ich denke, dieser Spruch trifft es ziemlich genau, zumindest so lange, bis du verstanden hast, dass du es ganz alleine in der Hand hast, wie dein Leben aussieht.

Wir alle werden ins Leben hinein geboren. Wir wachsen auf in unseren sozialen Zonen, mit Eltern, Geschwistern, Verwandten, Erziehern, Lehrern und Freunden, den Medien und der Gesellschaft. Alle diese sozialen Zonen prägen uns in unserer Kindheit und Jugend. Von ihnen übernehmen wir Verhaltens- und Kommunikationsmuster, lernen was vermeintlich richtig bzw. falsch ist, was sich gehört und was eben nicht. Diese Prägungen, gemischt mit der Rebellion und den Erfahrungen in unserer Pubertät lassen uns zu jungen Erwachsenen werden, die versuchen mit den vorgelebten Mustern ein eigenständiges Leben zu führen. Viel zu oft führt das aber dazu, dass wir (zu) angepasst sein wollen, dass wir zwar scheinbar alles haben oder erreichen, was sich gehört, dass wir aber dennoch an einem bestimmten Punkt in unserem Leben spüren, dass es uns zwar gut geht, wir aber trotzdem unzufrieden sind oder das Gefühl haben etwas fehlt. Andererseits ist es auch möglich, dass wir im jungen Erwachsenenalter aufgrund der Regeln und Rahmenbedingungen in unserer Kindheit versuchen alles ganz anders zu machen, als wir es vorgelebt bekommen und uns dadurch scheinbar in missliche Lagen hinein manövrieren. Dies kann wiederrum dazu führen, dass wir das Gefühl haben, nirgends wirklich hinein zu passen, was nebenbei erwähnt, nicht unbedingt etwas Schlechtes sein muss. Das Verrückte daran ist, dass all das unterbewusst passiert und wir die erlernten Muster ganz automatisch anwenden.

Verläuft die Kindheit und Jugend nicht „normal" und erfahren wir in dieser Zeit vielleicht sogar schlimme Dinge, wie Gewalt, Missbrauch, den Verlust eines nahestehenden Menschen oder geraten wir vielleicht in die schiefe Bahn (Drogen, Kriminalität...), stehen wir gesellschaftlich als „nicht normal" oder „andersartig" da und auch diese Tatsache erschwert Vielen von uns das Leben. Solch einschneidende Ereignisse, wie hier erwähnt, verursachen immer sehr emotionale Reaktionen, die unser Unterbewusstsein prägen und kennzeichnen. Diese emotionalen Erfahrungen führen dazu, dass wir uns unserer inneren Abwehrmechanismen bedienen, die verschiedene Ausprägungen haben können: Rückzug, Gewalt gegenüber sich selbst oder anderen, Verdrängung aber auch das Einnehmen der Opferrolle.

Die gute Nachricht ist: egal wie dein Leben bisher ausgesehen hat, egal wie alt du bist, egal unter welchen schwierigen Umständen du gerade versuchst zu (über-)leben, es ist niemals zu spät etwas zu verändern. Was du allerdings für dich entscheiden musst ist, wie dein Traumleben genau aussehen soll.

Was siehst du, wenn du die Augen schließt und dir vorstellst, wie dein Leben in 5 Jahren aussieht, wenn alles möglich ist was du dir nur vorstellen kannst? Es gibt keine Beschränkungen nichts ist unmöglich, denn Grenzen existieren nur in unserem Kopf. Nimm dir nach diesem Kapitel bewusst Zeit, suche dir eine gemütliche Ecke in deinem zu Hause, einen schönen Ort in der Natur oder irgend einen anderen Platz an dem du träumen kannst und stelle dir vor, wie dein IDEAL-ICH leben würde. Gerne kannst du dazu folgende Fragen als Hilfestellung benutzen:

- Wo wärst du gerade und was würdest du tun?
- Welche Charaktereigenschaften hättest du?
- Wie sieht dein idealer Tag aus?
- Wie sieht dein berufliches Leben aus?
- Wie sieht dein Privatleben aus?
- Was denkst du über dich selbst, was wünscht du dir, dass andere in dir sehen?
- Was erfüllt dich tief in deinem Herzen

Du kannst alles haben oder sein was du willst!

Kapitel 2

Innere Grenzen + Glaubenssätze

Dieser Abschnitt grenzt an die Dinge, die ich dir zuvor über die Prägungen in unserer Kindheit und Jugend erzählt habe an und es ist, soweit ich bisher erfahren durfte, eines der wichtigsten Themen, die du verstehen musst um dauerhaft etwas zu verändern und dein Leben in die Hand zu nehmen.

Die einzigen Grenzen, die existieren, sind die Grenzen, die wir uns selbst setzen.

Wie oft denkst du:
„Das kann ich doch nicht machen!"
„Das klappt doch sowieso nicht!"
„Was, wenn es schief geht?"
„Wieso passiert so etwas immer mir?"

Genau diese Gedanken sind es, die dein Handeln und dein Denken in die falsche Richtung lenken. Mit diesen einschränkenden Gedanken blockierst du dich selbst.
Wenn dann zu deinen negativen, einschränkenden Gedanken noch limitierende Glaubenssätze hinzukommen, hast du keine Chance dein Traumleben zu kreieren und wirst vergeblich versuchen Etwas zu verändern.

Glaubenssätze sind tief in uns verankerte Denkmuster.
„Eingepflanzt" werden sie uns, wie sollte es anders sein, in unserer Kindheit und Jugend. Viele dieser Glaubenssätze sind uns gar nicht bewusst. Ich zum Beispiel wusste, bis ich mich mit diesem Thema auseinander gesetzt habe nicht, dass ich limitierende Glaubenssätze habe, geschweige denn welche das sein sollten. Je tiefer ich in das Thema „mindset" und die „Kraft der Gedanken" eingestiegen bin und je unwohler ich mich mit meinem Leben fühlte, desto bewusster wurden mir meine limitierenden Glaubenssätze.
Viele von uns haben vor allem in Bezug auf das Thema Geld oder Arbeit solche Glaubensmuster. Hast du z. B. als Kind von deinen (Groß-)Eltern häufig Sätze gehört wie:

„Geld wächst nicht auf Bäumen"
„Geld verdirbt den Charakter"
„Geld stinkt"
„das können wir uns nicht leisten" oder
„nur wer hart arbeitet, kann gut leben"
„denk an deine Zukunft"
„Lern was Vernünftiges"
„für Geld muss man hart arbeiten"

Wenn dir davon etwas bekannt vorkommt, hast du mit ziemlicher Sicherheit als Erwachsener eine eher negative Einstellung zum Thema Geld oder du arbeitest in einem Job, der dich weder erfüllt noch das ist, was dir wirklich Spaß macht. Richtig?
Nicht nur auf die Themen Geld und Arbeit bezogen können wir solche Glaubensmuster haben, auch auf alle anderen

Lebensbereiche wie Beziehungen, unseren Körper, unsere Fähigkeiten unser komplettes Sein kann von solchen Glaubenssätzen bestimmt werden und zwar auch hier wieder unbewusst und ohne, dass wir es wahrnehmen.

„Eine Tragödie", denkst du jetzt vielleicht und du fragst dich: „Wie soll ich nur herausfinden welche negativen oder limitierenden Glaubenssätze ich habe?"
„Und wenn ich es herausgefunden habe, was mache ich dann?"
Nun es gibt verschiedene Möglichkeiten, diesem „Übel" auf den Grund zu gehen. Eine Methode, die du als Ersten Schritt nehmen kannst ist Folgende:

Finde heraus in welchen Lebensbereichen du unzufrieden bist. Schaue dir dann in diesen Bereichen deine bisherigen Erfahrungen an. Notiere dann dazu die limitierenden Sätze, die dir einfallen und zwar (beispielhaft) in folgender Form:

- Ich genüge nicht
- Ich bin selbst schuld
- Ich habe nie genug Geld usw.

Die Lebensbereiche können dabei folgende sein:
- Partnerschaft
- Job
- Familie / Freunde
- Entspannung
- Gesundheit
- Körper / Fitness
- Geld / Finanzen
- Lebensfreude usw.

Notiere zunächst alles, was dir annähernd „einschränkend"
vorkommt. Im späteren Verlauf kannst du die Suche dann immer
wieder verfeinern und daran arbeiten, deine negativen Gedanken
und Glaubenssätze in positive umzuwandeln, dazu später aber
mehr.

Ändere deine Gedanken und dein Leben ändert sich!

Ändere deine Gedanken
und dein Leben
ändert sich !

Kapitel 3

Lebenskrisen

Da du jetzt mein Buch liest, kann ich mir gut vorstellen, dass dein Leben bisher nicht immer so verlaufen ist, wie du es dir erhofft hattest und du in deinem bisherigen Leben die ein oder andere (Lebens-)Krise meistern musstest. Es müssen nicht immer dramatische Krisen sein, die uns zurück werfen oder uns zweifeln lassen. Was dem Einen als Lappalie erscheint, kann für wieder jemand Anderen eine ganz große Krise auslösen. Egal welche Situationen du in deinem Leben bisher meistern musstest, egal mit welchen Krisen du konfrontiert worden bist, ich sage dir heute, dass du aus jeder Krise als Sieger hervorgehen kannst, denn wenn ich Eins gelernt habe dann, das Aufgeben keine Option ist!

Ich möchte dir hier einen Auszug aus meinem Leben zwischen 22 und 35 nahe bringen, um dir zu zeigen was mich dazu bewegt hat dieses Buch überhaupt zu schreiben und wie ich damit auch dir helfen werde (wieder) Kapitän deines Schiffes namens „Leben" zu werden.

Mit 22 Jahren war ich zum ersten Mal verheiratet. Alles schien perfekt zu sein. Ich hatte den Mann, den ich wollte, wir hatten unsere erste gemeinsame Wohnung nach unseren Vorstellungen errichtet, wir waren verheiratet. Meine Ausbildung hatte ich mit 21 erfolgreich abgeschlossen und mit 22 hatte ich gerade begonnen noch nebenberuflich BWL zu studieren, weil ich ja weiter kommen wollte beruflich. Auch das Studium verlief ohne Probleme und nach 3 Jahren hatte ich meinen Bachelor in der Hand. Da ich bei meinem damaligen Arbeitgeber kein Weiterkommen für mich sah, versuchte ich also mit knapp 26 als verheiratete Frau meinen Weg zu finden und entschloss mich, den Schritt in die Selbständigkeit zu wagen. Ich eröffnete meine eigene Franchise-Filiale eines Nachhilfeinstituts. Auch hier lief am Anfang alles wie am Schnürchen. Ich bekam den KfW-Kredit zur Finanzierung, fand eine geeignete Immobilie und geeignete Lehrer, auch die ersten Schüler ließen nicht lange auf sich warten und alles schien perfekt zu sein. Ab dem 2. Jahr verdiente ich richtig gutes Geld. Das war die berufliche Seite. Privat sah es mittlerweile etwas anders aus. Mit fast 25 Jahren hatte ich unbedingten Kinderwunsch und da wir ja bereits einige Jahre in einer Beziehung und seit 3 Jahren auch verheiratet waren, sprachen auch die Rahmenbedingungen dafür es zu versuchen. Leider lief es nicht wie geplant und nachdem sich auch nach 2 Jahren keine Schwangerschaft einstellte, folgte was folgen musste und nach einigen Untersuchungen stand fest, dass mein Mann und ich auf normalem Weg kein Kind bekommen würden. Wir entschlossen uns dazu eine Kinderwunschbehandlung durchführen zu lassen. Ich kenne deine Situation nicht aber ich kann dir sagen, dass so eine Behandlung kein Spaziergang ist. Da ich aber immer schon zuverlässig und gewissenhaft war, hielt ich mich genau an die Vorgaben bezüglich Medikamenteneinnahme, spritzte mir täglich irgendwelche Hormone usw. Nach dem Eingriff bei dem die Follikel entnommen, befruchtet und wieder eingesetzt wurden hieß es warten und tatsächlich, wir gehörten zu den wenigen Glücklichen, bei denen es nach dem ersten Versuch geklappt hatte. Meine Schwangerschaft verlief ohne Komplikationen und nach den ganzen Strapazen der Kinderwunschbehandlung, die vor allem zu Lasten unserer Beziehung gingen, fühlten wir uns als Paar wieder nahe. Nach 9 Monaten kam unsere Tochter zur Welt und der nächste Abschnitt unseres Lebens begann. So rosig, wie wir uns das vorgestellt hatten, war das Elternsein allerdings nicht und wir lebten uns als Paar immer mehr auseinander. Meine Selbständigkeit lief so nebenbei mit, nach wie vor gut, aber durch die Tatsache, dass ich jetzt Mama war, war ich einfach nicht mehr jeden Tag vor Ort und das hat sich auch im Geschäft bemerkbar gemacht. Als ich dann 2011 noch eine 2. Filiale eröffnete, hatte ich mich beruflich übernommen. Die 2. Filiale brauchte viel mehr Anlaufzeit als die 1. und nach vielen schlaflosen Nächten und finanziellen Sorgen entschloss ich mich sie 2013 wieder aufzugeben. Zwischenzeitlich hatten wir uns zum Hausbau entschieden und ich wollte und konnte mir kein finanzielles Risiko leisten. Die erste Filiale behielt ich noch bis 2016.

Zwischen 2013 und 2016 ging es allerdings munter weiter in meinem Leben. Nachdem die gesamte Situation sehr belastend war, kam 2013 doch der Umzug in unser neues Haus. „Jetzt wird alles besser!" dachte ich. In den ersten Monaten im Haus ging es auch ganz gut. Aber die Routine hatte uns bald wieder. Mein Mann und ich hatten so gut wie keine Gemeinsamkeiten mehr und das Haus brachte natürlich auch noch mehr gebundene Zeit und finanzielle Verpflichtungen mit sich. Nach unserem letzten gemeinsamen Urlaub 2014 trennten wir uns. Ich blieb mit meiner Tochter im Haus und wollte ihr zu Liebe auch dieses Umfeld nicht aufgeben. Natürlich musste ich mehr arbeiten, weil ich ja nun die finanzielle Belastung alleine tragen musste. Zu meinen Hochzeiten hatte ich neben meiner Selbständigkeit noch 2-3 zusätzliche Jobs. Ich denke, du kannst dir vorstellen wie es mir zu diesem Zeitpunkt ging. Bald nach der Trennung „schlitterte" ich in eine neue Beziehung. Ich schlitterte, weil ich zu diesem Zeitpunkt in keiner Weise ich selbst war. Die neue Beziehung lief gut, auch meine Tochter verstand sich sehr gut mit meinem neuen Partner, allerdings erkannte meine Familie von Anfang an, dass diese Beziehung nicht „gesund" für mich war und so distanzierte ich mich immer mehr von meinen Eltern und meinem Bruder, der nebenbei erwähnt, in 2014 an Schilddrüsenkrebs erkrankte (heute geht es ihm wieder gut und er ist geheilt). Mit meinen Eltern wurde das Verhältnis immer verfahrener. Ich hielt aber an der Beziehung fest und das kostete mich enorme, emotionale Berg- und Talfahrten. 2015 zog mein Zukünftiger bei uns ein und 2016 entschloss ich mich meine Selbständigkeit aufzugeben, da sich aus einem meiner 2. Jobs eine Teilzeitanstellung ergab und dies für mich planbare monatliche Einnahmen bedeutete. Die finanzielle Situation wurde dennoch nicht unbedingt besser, da mein 2. Mann eine schulische Weiterbildung in Vollzeit startete und somit kein 2. Einkommen vorhanden war. 2017 folgte die Hochzeit, ein Wahnsinn, rückblickend betrachtet. Bereits vor dem Hochzeitstermin merkte ich ansatzweise, dass wir eigentlich so gut wie nichts gemeinsam hatten, dachte jedoch, dass schon alles gut wird. Von wegen! Im Juni 2017 heirateten wir und am 07. August 2017 konnte ich nicht mehr. Ich konnte nicht mehr arbeiten, ich konnte nicht mehr lachen, ich konnte mich zu nichts mehr motivieren und war einfach nur noch traurig und deprimiert. Meine Ärztin diagnostizierte zunächst Burnout. Nach einer 6-wöchigen Arbeitsunfähigkeit dachte ich, jetzt muss ich aber wieder in die Pötte kommen und versuchte wieder zu arbeiten. Du kannst dir sicher vorstellen, wie es weiter ging. 4 Wochen hielt ich durch, dann kam der endgültige Zusammenbruch. Nebenbei sei noch erwähnt, dass ich zu diesem Zeitpunkt auch schon wieder zwei Jobs hatte und zusätzlich zu meiner Teilzeitstelle noch nebenbei als sozialpädagogische Familienhelferin bei einer jungen Mutter tätig war, natürlich auch ein ganz förderndes Umfeld für jemanden, der sich absolut nicht mehr emotional abgrenzen kann. So war ich also ab Anfang Oktober wieder arbeitsunfähig. Ich wusste nicht, wie es weitergehen sollte. Mitte Oktober musste ich dann ins Krankenhaus, weil nun auch mein Körper reagierte und ich eine schlimme Infektion hatte und kurz vor einer Sepsis stand. Nach einigen Tagen Krankenhaus und jeder Menge Medikamenten war ich am tiefsten Tiefpunkt, den ich bisher erlebt hatte angekommen. Ich war buchstäblich am Boden. Ich hatte weder Kraft noch Energie. Bis ich mich körperlich wieder erholt hatte, dauerte es noch einen Monat. Meine Psyche hat allerdings dann erst angefangen aufzuarbeiten. Aufzuarbeiten was bis zu diesem 34. Jahr in meinem Leben alles passiert war. Ich glaube heute, dass dieses Jahr von Sommer 2016 – 2017, in dem ich mich intuitiv und nebenbei schon mit

Persönlichkeitsentwicklung beschäftigt habe, die Psychologie-Ausbildung, die ich im Jahr 2016 absolviert hatte und die Berufungsberatung, die ich im Dezember 2017 bei Frau Himmel in Anspruch genommen hatte, dazu beigetragen haben, dass ich bereit war alles zu verändern und mich selbst wieder zu finden. Ich wusste Aufgeben ist keine Option. Ich suchte mir auch psychologische Hilfe, weil ich verstehen wollte, wo das alles her kam und welche Strategien ich anwenden könnte um aus diesem Teufelskreis auszubrechen. Alles in Allem dauerte es von Dezember 2017 – Juni 2018 bis ich wusste, was ich tun musste. So kam das Unvermeidliche, ich beendete meine Ehe. Ich hatte keine Luft mehr zum Atmen, ich entwickelte mich in eine komplett andere Richtung als mein Partner. Klar, wir redeten darüber, aber ich wusste, er versteht nicht was ich überhaupt sagen will. Zudem war unsere finanzielle Situation in der Ehe immer noch schlechter geworden. Ich versuchte zu sparen und die Ausgaben zu planen, er wiederum gab Geld aus, dass wir nicht hatten und wenn es nicht mehr reichte konnte er ja immer noch seine Mama fragen und sie bezahlte. Dies war eine für mich absolut untragbare Situation. Rückblickend habe ich mich seit meiner ersten Scheidung zu einem komplett anderen Menschen entwickelt, der ich eigentlich war. Das Gute daran ist allerdings, dass ich in dieser nachfolgenden Beziehung so viel über mich, das Leben und die Liebe gelernt habe, wie noch nie zuvor in meinem Leben.
Nach dem Aus der Beziehung war es aber noch nicht vorbei. Ich hatte ja nur meine freiberufliche Tätigkeit und da ja, wie gesagt, unser Geld jeden Monat sowieso nicht gereicht hatte, (erkennst du den limitierenden Glaubenssatz?) war ich an einem weiteren Tiefpunkt allerdings nicht mehr emotional sondern materiell. Ich musste also Lösungen finden. Ich schrieb Bewerbungen und fand meinen Traumjob, ich vermietete das Haus und zog in die

Dachgeschosswohnung meiner Eltern, die nebenbei erwähnt sofort und ohne Einschränkungen gemeinsam mit mir nach Lösungen suchten. Sie unterstützen mich um meine Finanzen wieder in den Griff zu bekommen und sie zeigten mir, dass ich nach allem, was ich in den letzten Jahren getan hatte um mich von ihnen zu entfernen, dennoch ihre Tochter bin. Danke dafür Mama und Papa.

Ich habe also von August 2017 bis Dezember 2018 mein komplettes, bisheriges Leben einmal umgekrempelt und ich sage dir eins: Es fühlte sich so richtig an und alles ergab sich wie von selbst, weil ich nämlich mental eine starke Persönlichkeit geworden bin, weil ich wusste, wer ich bin und wer ich sein will. Ich wusste, dass ich durch all diese Situationen gehen musste um zu mir selbst zu finden. Ich wusste, dass ich jetzt in der Lage war mir meine eigene Realität zu erschaffen. Ich hatte zu keiner Zeit Angst oder Zweifel, weil ich die Kraft der Gedanken und das Gesetz der Anziehung für mich in mein Leben integriert hatte und jetzt viel bewusster im Hier und Jetzt lebe.

Nach dieser 2. Trennung war noch lange keine Ruhe eingekehrt, weil immer wieder Nachrichten oder Umstände auftauchten, die mich hätten zweifeln lassen können, eine entscheidende Sache hatte sich aber geändert und zwar meine Einstellung zu all diesen „negativen" Umständen und Tatsachen. Ich hatte seit 2016 so viel Zeit und auch Geld in meine persönliche Entwicklung gesteckt, ich habe Tage und viele Stunden damit verbracht mehr über die Gesetze des Universums zu lernen und diese zu verstehen und zu verinnerlichen und ich bin noch lange nicht fertig damit. Ich habe sehr viel Zeit darauf verbracht herauszufinden wer ich sein will und wer ich wirklich bin, was der Grund ist, warum ich überhaupt auf dieser Welt bin und welches meine größere Bestimmung ist, was mich erfüllt und was mich antreibt und nach all den Tiefpunkten, die mich immer weiter nach unten manövriert haben wusste ich jetzt, dass ich alleine es in der Hand habe mir mein Traumleben zu erschaffen und wie es funktioniert. Genau aus diesem Erfahrungsschatz habe ich dann einen Plan entwickelt, der auch für jeden anderen funktioniert und der all die wesentlichen Inhalte, die ich mir aus allen Informationen erarbeitet habe zusammenfasst. Diese Quintessenz habe ich nun in Form dieses Buches zusammengefasst umso auch dir zu helfen dir dein Traumleben zu erschaffen und zwar unabhängig von allen Krisen oder den Situationen, die dich vielleicht momentan noch gefangen halten! Denn:

Aufgeben ist keine Option & Stillstand bedeutet immer Rückschritt!

Stillstand bedeutet Rückschritt!

Kapitel 4

Die 7 Schritte um aus deinem Leben ein Meisterstück zu machen!

Ich weiß nicht, wo du gerade stehst oder was du bereits unternommen hast um dein Glück selbst in die Hand zu nehmen und das ist in diesem Moment auch nicht wichtig. Das was zählt ist, dass du für dich festgestellt hast, dass sich etwas verändern muss und dazu möchte ich dir an dieser Stelle nochmals gratulieren. Stehe nun zu dieser Entscheidung und lass dich von nichts und niemandem verunsichern. Erfolgreiche Menschen lassen sich niemals verunsichern von Meinungen oder dem Gerede anderer Menschen, das unterscheidet sie ganz wesentlich von weniger oder nicht erfolgreichen Menschen.
Neben deiner Entscheidung jetzt etwas zu tun, das dich auf die nächste Ebene bringt und dir dazu verhilft aus deinem Leben ein Meisterstück zu machen brauchst du nun noch eine ganz wichtige Zutat, nämlich Durchhaltevermögen. Auch wenn du mit meinem Buch 7 einfache Schritte an die Hand bekommst, musst du dennoch bereit sein durchzuhalten. Natürlich wird es Tage geben, an denen du das Gefühl hast nicht viel oder nichts getan zu haben, das spielt aber auch keine Rolle. Was allerdings eine ganz wichtige Rolle spielt, ist dein unbedingter Wille und dein Versprechen dir selbst gegenüber, dass du die Inhalte der 7 Schritte bereit bist zu verinnerlichen und sie in dein Leben zu integrieren. Nur so werden Sie nämlich auch für dich funktionieren.

Alles was du in den nächsten Abschnitten erfährst habe ich selbst erprobt und ich verspreche dir, ich habe wirklich noch viel mehr Methoden und Wissen zu diesem Thema ausprobiert und mir angeeignet aber dieses Buch beinhaltet tatsächlich die umsetzbaren und wichtigen Aspekte deine Krisen erfolgreich zu meistern und in Zukunft erst gar nicht mehr in diese Negativspirale zu geraten. Denn mit diesen Methoden lernst du wie du künftig jede Situation, die dir im Moment noch als aussichtslos erscheint in pure Energie umwandeln kannst. Energie ist das Schlüsselwort, denn letzten Endes ist alles Energie. Die Energie, die du aussendest, kommt auch zu dir zurück. So sagt es das Gesetzt der Anziehung und dieses Gesetz gilt immer und all gegenwärtig. Du kannst es nicht austricksen oder umgehen, es arbeitet wie ein Uhrwerk durchgehend und einfach immer. Entscheide also ganz bewusst, welche Energie du aussendest, denn du kannst nur zurückbekommen, was du ins Universum schickst.

Die Beste Version von dir wartet schon so lange, lass sie nicht noch länger warten!

Schritt 1: Analysiere deine IST-Situation

Der erste Schritt, den du unbedingt machen musst, ist es deine aktuelle Situation zu analysieren. Ich meine damit nicht, oberflächlich hin zu sehen und aufzuzählen was aktuell bei dir alles nicht passt. Das hier geht tiefer. Du musst dich ganz gezielt damit befassen wo du stehst. Denn Eines muss dir bewusst sein: wenn du nicht weißt wo du stehst und wohin du eigentlich willst, wirst du niemals dort ankommen. Es ist enorm wichtig ein starkes Bewusstsein darüber zu haben wo du deine Reise beginnst. Ziel soll es ja sein in Zukunft den Fokus auf dein bestes ICH zu legen. Dazu brauchst du ein starkes Selbstvertrauen. Selbstvertrauen wiederum beginnt durch Selbstbewusstsein und dreht man diesen Ausdruck umso bedeutet es doch nichts anderes als SICH SELBST BEWUSST SEIN! Nur wer sich seiner selbst bewusst ist, ist überhaupt in der Lage irgendetwas zu verändern.

Viele Menschen haben keine Antwort auf die Frage: „Was wünscht du dir von deinem Leben?" Und wenn sie eine Antwort haben, dann klingt sie meistens so oder so ähnlich:

- Ich möchte keine Geldsorgen haben
- Ich möchte mehr Zeit mit meiner Familie haben
- Ich möchte weniger arbeiten
- Ich möchte frei sein
- Ich möchte mehr reisen usw.

Jetzt fragst du dich vielleicht, was an diesen Aussagen „falsch" sein soll? Nun ja, mit solchen, doch eher allgemeinen Aussagen, wirst du nie wirklich erreichen, was sich hinter diesen Aussagen eigentlich verbirgt. Dir muss klar sein, dass solche verallgemeinerten Floskeln nicht das sind, was du dir eigentlich wünschst. Sie sind nur das, was als positiver Nebeneffekt am Ende deines Besten-Ichs herauskommen soll. Wir wollen allerdings noch viel tiefer gehen. Es geht ja immerhin darum die beste Version von dir selbst zu werden. Um das zu erreichen musst du also ganz genau wissen, was du dir von deinem Leben wünschst und wie dein Traumleben im Detail aussehen soll.

Sicher hast du schon einmal davon gehört, dass Ziele **SMART** formuliert werden müssen. Diese Buchstabenkombination steht dabei für folgende Kriterien deiner Ziele:

S = spezifisch
M = messbar
A = aktionsorientiert
R = realistisch
T = terminiert

Wenn wir uns das Beispiel „Ich möchte mehr reisen" anschauen, so würde das smarte Ziel dazu lauten:
In den nächsten 3 Jahren verreise ich pro Jahr mindestens 4 x an Orte, an denen ich noch nie zuvor gewesen bin.

Merkst du den Unterschied? Jetzt hast du eine ganz klare Formulierung, wie das Ziel beim Thema Reisen für dich in den nächsten 3 Jahren aussehen soll.

So wie du deine Ziele smart formulieren musst, so musst du nun auch etwas Zeit investieren um deine aktuelle Ausgangssituation für dein Meisterstück namens Leben ganz detailliert zu analysieren.

Um diese detaillierte Analyse anzugehen, nimm dir genug Zeit und starte damit, dir folgende Fragen zu stellen und diese auf jeden Fall schriftlich zu bearbeiten. Schriftlich ist deshalb wichtig, weil du dir dann auch später diese Unterlagen noch einmal zur Hand nehmen kannst und vor allem auch deine Fortschritte immer vor Augen hast, was für den Prozess immens wichtig ist um die Motivation und das Durchhaltevermögen nicht zu verlieren. Ich empfehle dir, dir ein Notizbuch zuzulegen (wenn du gerne handschriftlich arbeitest) oder gerne auch am PC ein Dokument zu erstellen, das deinen Weg dokumentiert. Wenn du nicht gerne schreibst, ist es ebenfalls möglich mit kurzen Videos, die du aufnimmst, deine Aufgaben zu bearbeiten und deine Schritte zu dokumentieren. Egal wofür du dich entscheidest, es ist wichtig, alles was du dir nun erarbeitest festzuhalten. Auch wenn du diese Notwendigkeit jetzt im Moment noch nicht erkennst, glaube mir bitte, es ist unabdingbar für deinen Weg zum Ziel.

Nun geht es darum deine IST-Situation zu analysieren. Stelle dir folgende Fragen und beantworte sie ehrlich und aufrichtig.

1) Worauf bist du in deinem Leben am meisten stolz?

2) Was waren die 3 schönsten Momente in deinem Leben?

3) Bist du der Mensch, mit dem du den Rest deines Lebens verbringen möchtest? Wenn nicht wieso?

4) Konzentrierst du dich auf das was du gerne machst und liebst oder erfüllst du deine Pflichten und neigst dazu zu jammern (und in welchen Situationen)

5) Woran merkst du, dass es dir gut oder schlecht geht?

6) Was belastet dich im Moment am meisten in deinem Leben?

7) Wenn heute Nacht ein Wunder geschehen würde und sich ab morgen eine einzige Sache in deinem Leben ändern würde, welche wäre das?

8) Was hindert dich daran deinem Herzen zu folgen?

9) Wie viel Zeit nimmst du dir bewusst für dich selbst und wie verbringst du diese Zeit?

10) Wie bereit bist du für eine Veränderung in deinem Leben (auf einer Skala von 1 – 10 wobei 10 der höchstmögliche Wert ist)

Hast du die 10 Fragen beantwortet? Was stellst du fest, wenn du deine Antworten durchliest oder anschaust? Erkennst du vielleicht schon Muster, siehst du auf einmal Zusammenhänge zu deiner jetzigen Situation und erkennst an welchen Rädchen du vielleicht drehen musst? Oder sagt dir das alles erst einmal noch gar nichts? Was auch immer du gerade empfindest, wenn du auf deine Antworten schaust lass es einfach zu. Es ist wichtig. Lies es dir gerne immer wieder einmal durch, vielleicht ergänzt du das ein oder andere auch noch oder streichst auch etwas wieder.

Sei dankbar dafür
wo du heute bist!

Schritt 2: Rituale schaffen & Gewohnheiten verändern

Du hast dich im vorhergehenden Schritt damit beschäftigt, wo du stehst. In Kapitel 2 haben wir das Thema „innere Grenzen und Glaubenssätze" angeschnitten und du hast durch die Übung sicherlich schon den ein oder anderen negativen oder limitierenden Glaubenssatz erkennen können. Mache dir dieses Thema immer wieder präsent, denn es ist wichtig für den 2. Schritt hin zu deinem Traumleben.

Deine Gedanken beeinflussen dein Handeln und zwar ohne, dass du das bewusst wahrnimmst. Wie bereits bei Schritt eins erwähnt, gilt es jetzt aber dir all das bewusst zu machen. Du kannst dein Unterbewusstsein nur über dein Bewusstsein verändern. Wichtig ist es zu begreifen, dass deine Gedanken, deine Handlungen beeinflussen und deine Handlungen deine Erlebnisse und Erfahrungen prägen. Somit ist ganz klar, dass Veränderung immer zuerst im Kopf beginnt. Unterbewusste Handlungen/Prägungen sorgen dafür, dass wir tagein tagaus unseren Alltag bewältigen können, weil unser Gehirn gewisse Abläufe so verinnerlicht hat, dass wir nicht mehr großartig darüber nachdenken müssen sondern es einfach tun, z.B. finden wir den Weg in die Arbeit oder nach Hause, wir sind in der Lage wiederkehrende Aufgaben wie Autofahren, Wäsche waschen oder uns anzuziehen zu erledigen ohne groß Energie darauf zu verschwenden wie wir im Detail vorgehen. Das ist die gute Seite. Das hier erklärte Prinzip funktioniert allerdings auch bei unseren limitierenden Glaubenssätzen, denn auch hier hat unser Gehirn gelernt bei einem bestimmten Reiz auf eine gewohnte und bewährte Art und Weise zu reagieren. Hier spielen die Emotionen eine große Rolle. Jeder Reiz, der uns von außen trifft löst im Inneren eine Reaktion hervor. In der Psychologie spricht man deshalb vom Reiz-Reaktions-Modell.

Diese psychologische Tatsache des Triggerns sorgt dafür, dass wir in bestimmten Situationen extremer reagieren als in anderen. Innerhalb von Sekunden können wir uns extrem über Etwas aufregen oder aber zu tiefst verletzt fühlen, je nachdem wie unser Unterbewusstsein geprägt ist. Das tückische an dieser Tatsache ist, das unser Unterbewusstsein tatsächlich lieber auf die gewohnten Strategien zurückgreift, weil es diese ja bereits kennt und für gut befunden hat. Es spart also einfach Energie, die gewohnten Reaktionen abzurufen als sich mühsam Gedanken dazu zu machen wie man vielleicht besser auf den einen oder anderen Reiz reagieren könnte. Hier erkennst du schon die Krux an der Sache, es ist mit Aufwand verbunden neue, bessere Muster hinzuzufügen, dennoch ist es möglich und ich kann dir sagen: „ es lohnt sich!"

Um diese bewusste Veränderung hin zum Besseren zu erreichen können wir uns Rituale zu Nutze machen. Wir können unser Gehirn und auch unser Unterbewusstsein dadurch umprogrammieren. Um aus einem Ritual eine Gewohnheit zu machen braucht es laut Wissenschaft 66 Tage. Wenn wir in der Lage sind ein neues Ritual 66 Tage konsequent zu verfolgen, dann ist es nach diesen 66 Tagen zu einer neuen Gewohnheit geworden und nicht mehr aus unserem Leben weg zu denken. Dieser Schritt ist einer der Wichtigsten auf dem Weg zu deinem besten ICH, das kann ich dir aus meiner eigenen Erfahrung sagen. Ich habe es in so vielen Bereichen ausprobiert die letzten Jahre und jedes Ritual, dass ich mir angeeignet habe ist geblieben und noch heute Teil meines Tagesablaufs.

Es gibt sehr viele Hilfsmittel, wie wir erreichen können, dass ein neues Ritual zur Gewohnheit wird aber wie bereits im vorherigen Schritt beschrieben, ist als erstes dein unbedingter Wille und dein Versprechen dir selbst gegenüber notwendig um diese neuen Gewohnheiten in dein Leben zu integrieren.

Wenn du dir selbst das Versprechen gibst neue Gewohnheiten in deinem Leben zu etablieren, weil du weißt, dass deine alten Verhaltensweisen (wenn du sie beibehältst) auch die gleichen, alten Ergebnisse an den Tag bringen werden, dann sei dir bewusst, dass du einen der wichtigsten Entschlüsse gefasst hast. Du kannst jede beliebige, neue Gewohnheit zu einem festen Bestandteil deines Lebens werden lassen, in kleinen Schritten und mit Durchhaltevermögen. Unser Gehirn ist ein Muskel und du kannst auch ihn trainieren. Achte dabei darauf womit du ihn tagtäglich fütterst.

Nun werde ich dir einige Hilfestellungen geben, damit du noch heute beginnen kannst neue, bessere Gewohnheiten in deinem Leben zu festigen, damit du in Zukunft auf die unterschiedlichen Ereignisse mit deinen neuen Mustern reagieren kannst, bzw. erst gar nicht mehr in für dich belastende Situationen kommst.

Das erste, was du unbedingt tun musst (und zwar mindestens für die nächsten 66 Tage) ist, dass du dir ein Morgenritual suchst. Alle erfolgreichen Menschen haben Morgenrituale. Wie du die erste Stunde des Tages verbringst legt den Grundstein für den Rest des Tages. Wenn du in dieser ersten Stunde gut für dich selbst sorgst, gelingt dir dein Tag und du bist auch in der Lage anderen etwas Gutes zu tun. Du musst verstehen, dass alles mit dir beginnt. Nimm dir morgens diese eine Stunde ganz bewusst Zeit um dein Morgenritual durch zu führen. Wenn du jetzt denkst: „ich muss so früh aufstehen, wo soll ich da noch die Zeit für ein Morgenritual aufbringen?" muss ich dir sagen, dass du noch nicht verstanden hast, worum es hier geht. Du wünscht dir in Zukunft aus jeder noch so schwierigen Lebenslage als Gewinner hervorzugehen bzw. überhaupt nicht mehr so viele schwierige Situationen erleben zu müssen, also tu auch etwas dafür.

Überlege dir als erstes, was du jetzt mit deiner ersten Stunde des Tages anfängst und frage dich, ob das dazu beiträgt, dass du positiv in den Tag startest.

- Was machst du als erstes, nachdem du die Augen geöffnet hast?
- Woran denkst du in der Regel als erstes, wenn du aus dem Bett aufgestanden bist?

- Sind deine Gedanken positiv oder neigst du zu Stress und Negativität bereits unmittelbar nach dem Aufstehen?
- Mit welchen Aktivitäten bist du innerhalb der ersten Stunde nach dem Aufwachen beschäftigt?

Ich weiß ganz sicher, dass einige deiner Antworten dich jetzt zum Nachdenken bringen und du sicher feststellst, dass deine Tage eher negativ anstatt positiv starten. Woher ich das weiß? Weil ich es bei mir selbst und bei unzähligen Menschen in meiner direkten Umgebung genauso erfahren habe. Du wachst auf und der erste Blick geht aufs Handy, danach hörst du womöglich die schrecklichen Nachrichten aus aller Welt, mit deinen Gedanken bist du schon bei all den belastenden und unschönen Dingen, die heute auf dich zu kommen. Glaubst du so kann ein Tag positiv werden?

Starte heute damit deine Morgenroutine zu erstellen und beginne ab morgen früh damit sie in die Tat umzusetzen und verfolge sie gewissenhaft und konsequent die nächsten 66 Tage. Wenn es sein muss, stell dir deinen Wecker eine halbe Stunde früher als normalerweise und nutze zunächst diese 30 Minuten um deinen neuen Gewohnheiten Raum und Zeit zu geben. Wenn du sehr konsequent und willensstark bist, dann starte gleich mit den 60 Minuten. Seit fast 3 Jahren stehe ich jeden Tag um 5:00 Uhr auf um meiner Morgenroutine Raum und Zeit zu geben und ich kann dir sagen, dass sich für mich so Vieles seitdem zum Besseren gewendet hat. Eine Morgenroutine ist der Anfang hin zu mehr Positivität. Nachdem mein Wecker klingelt stehe ich sofort auf und das erste was ich denke, sobald ich meine Beine auf den Boden stelle ist: „ich bin dankbar, dass ich wieder gesund und munter aufgewacht bin." Jeden 2. Tag gehe ich als nächstes, unmittelbar nach dem Aufstehen 30 Minuten joggen. An den Tagen dazwischen gibt es entweder ein kurzes Workout oder eine Meditation, je nach dem worauf ich Lust habe. Danach schreibe ich mein Dankbarkeitsbuch (zu diesem Thema kommen wir später noch gesondert). Außerdem schreibe ich meine Affirmationen und spreche meine Auto-Suggestion und Visualisiere meinen Tag. Erst nachdem ich all diese wundervollen Punkte erledigt habe starte ich mit Duschen, Anziehen, Schulbrote vorbereiten, Frühstücken usw. Meine Morgenroutine war nicht von Anfang an so umfangreich, sie ist im Laufe der Zeit gewachsen und das ist gut so, weil jeder erst einmal für sich herausfinden muss, was klappt und was vielleicht auch nicht so gut ist.

Hier hast du ein paar Anregungen für deine Morgenroutine, die du als Anstoß nehmen kannst, aber was immer dir gut tut und dich positiv in den Tag starten lässt ist willkommen. Überlege dir nur wirklich, was du in den nächsten 66 Tagen nutzen willst, denn bis deine neuen Rituale zur Gewohnheit werden brauchst du einen genauen Plan. Zu sagen „ich schaue mal was ich morgen Früh dann mache, wenn ich aufgewacht bin" ist zu unpräzise und du wirst ganz schnell die Lust und dein Durchhaltevermögen verlieren.

- Sport (Joggen, Yoga, Stretching, Walken, Tanzen…)
- Meditation
- Motivationsbüchlein lesen
- Führe ein Dankbarkeitsbuch (nächster Punkt)
- Lege deine drei wichtigsten Ziele für den Tag fest (schriftlich)
- Visualisiere deinen idealen Tag (Punkt 6)

- Sprich oder schreibe deine Affirmationen auf (Punkt 4)
- Höre deinen Lieblingssong

Die Liste ist unendlich fortführbar. Wichtig ist, dass du etwas findest, dass positive Gefühle in dir erzeugt. Wenn du diese Stunde in dich selbst investierst und deinen Tag so beginnst, wird auch der Rest des Tages gut werden.
Schreibe also nun auf, was du ab morgen als Morgenritual in dein Leben integrierst und beginne damit!

Entscheide dich jeden Tag bewusst dafür glücklich zu sein!

Schritt 3: Dankbarkeit

Nachdem du nun deine IST-Situation kennst und dir deine Morgenroutine zu Recht gelegt hast kommen wir zum aller wichtigsten Schritt in deinem ganzen Veränderungsprozess: **DANKBARKEIT**

Ich kann dir sagen, dass dieses Wort meine ganze Welt komplett verändert hat. Alles was war, bis zu dem Zeitpunkt an dem ich mich mit dem Thema „Dankbarkeit" beschäftigt hatte, ist Vergangenheit und ich habe durch Dankbarkeit mein komplettes Leben verändert. Begonnen hat alles mit meiner Morgenroutine des Dankbarkeitsbuches. Jeden Morgen habe ich drei Dinge aufgeschrieben für die ich dankbar bin. Das war vor fast 3 Jahren. Der Grund warum ich das ursprünglich getan habe, war um positiv in den Tag zu starten. Im Laufe der Zeit habe ich mich immer intensiver mit dem Thema Dankbarkeit beschäftigt und ganz schnell festgestellt, dass Dankbarkeit der Schlüssel zur erfolgreichen Veränderung ist. Mittlerweile starte und beende ich jeden Tag mit Dankbarkeitsritualen und habe bereits 10 Dankbarkeitsbücher geschrieben. Dankbarkeit muss ein fester Bestandteil deines Alltags werden damit du in Zukunft glücklicher, gelassener und selbstbewusster lebst. Praktizierte Dankbarkeit eliminiert auf wundersame Weise Stress, Neid, Angst und Sorgen aus deinem Leben. Selbst wenn du jetzt in einer Negativspirale gefangen zu sein scheinst und dir nicht vorstellen kannst, wie durch Dankbarkeit diese Spirale durchbrochen werden kann, sage ich dir: „Lass dich darauf ein, probiere es aus und überzeuge dich selbst von der unglaublichen Wirkung, die die Dankbarkeit auf dein gesamtes Leben nimmt." Du kannst nicht gleichzeitig dankbar und wütend oder besorgt sein, das eine schließt das andere aus, also entscheide dich für die Dankbarkeit in jedem einzelnen Moment. Schärfe dein Bewusstsein für die guten Dinge in deinem Leben und das „Schlechte" relativiert sich und verschwindet Stück für Stück. Tony Robins, der erfolgreichste Persönlichkeits-Coach sagt: „Dankbarkeit ist die Schnellstraße zum Glück", das kann ich zu 100 % bestätigen. Für mich war die Dankbarkeit der wichtigste Schritt in meinem bisherigen Leben um nachhaltig Veränderung zu implementieren und aus jeder Situation immer das Beste zu machen. Dafür bin ich unglaublich **dankbar!**

Dankbarkeit ist der Schlüssel. Wenn du das verstanden hast, bist du unaufhaltsam. Dabei ist es nicht ausschlaggebend ob du absolut dankbar für etwas bist oder „nur ein wenig" dankbar. Dankbarkeit als festen Bestandteil in dein Leben zu lassen verändert einfach alles. Jede Situation in deinem Leben, wie schlimm sie dir gerade auch erscheinen mag, hat auch immer etwas Gutes. Du kannst aus jeder noch so schlimmen Situation gestärkt und als Sieger hervor gehen. Hast du schon mal festgestellt dass in dem Wort Problem „PRO" drin steckt? Jedes Problem hat immer auch eine gute Seite. Dankbarkeit als Konstante in deinem Leben verändert deinen Blickwinkel auf alles. Deine Energie verändert sich und wie wir ja bereits wissen ist alles im Leben Energie. Ein dankbarer Mensch strahlt positive Energie aus und zieht somit auch positive Ereignisse in sein Leben. Mach dir das bewusst. Überlege dir doch einmal welche „schlechten" Erfahrungen in deinem Leben du bereits durchlebt hast und was rückblickend gut an diesen Situationen war. Jede schlechte Erfahrung hat auch immer einen positiven Effekt. Verstehst du das, hast du eines der größten Etappenziele auf dem Weg zu deinem besten ICH erreicht. Ich verspreche dir, dass mit Dankbarkeit im Herzen und in deinem Leben sich alles zum Positiven verändern wird.

Starte damit jeden Morgen drei Dinge aufzuschreiben für die du heute dankbar bist. Damit gehst du den ersten Schritt. Mache auch das mindestens 66 Tage, damit es zu einem festen Bestanteil deines Tages wird. Mache dir jeden Tag bewusst, was für ein großes Geschenk es ist, dass du hier bist, atmest, gesund bist, sehen, riechen, schmecken und fühlen kannst, dass du essen und trinken kannst wann immer du willst, dass du die Natur genießen kannst, dass du ein Dach über dem Kopf hast, dass du im Winter ein warmes Bett hast, dass du frei bist, dass du geliebt wirst …. Es gibt so Vieles, was wir als selbstverständlich ansehen ohne es jemals zu würdigen und dankbar dafür zu sein. Das ändert sich für dich ab heute. Mache dir deinen Reichtum bewusst und denke in Dankbarkeit an alles was du bereits jetzt hast, anstatt deine Gedanken ständig darum kreisen zu lassen was dir alles fehlt. Gedanken an Mangel erzeugen mehr Mangel, Gedanken der Dankbarkeit und das Bewusstsein für all die wunderbaren Dinge, die du jeden Tag einfach hast oder bekommst oder tust schaffen mehr von diesen wunderbaren Dingen.

Der Schritt „Dankbarkeit" ist so wichtig, dass ich dir in Kapitel 5 noch einen Aktionsplan zu diesem Thema gebe. In den Literaturempfehlungen findest du das Buch „The Magic" das für mich der Schlüssel zu einem komplett anderen Leben war. Dieses Buch ist die Bibel meines Lebens geworden. Ich kann es jedem nur empfehlen. Durch einen Zufall habe ich damals von diesem Buch erfahren. Ich habe es mir geholt und als ich begann es zu lesen wurde mir bewusst, dass ich bereits 2 Jahre zuvor mit meinem Morgenritual (3 Dinge für die ich dankbar bin aufzuschreiben) den Grundstein gelegt hatte, allerdings das große Ganze noch nicht überblickt hatte. Durch den 28 Tage-Plan im Buch „The Magic" begann sich plötzlich alles zu verändern und ich konnte das Puzzle vollenden. Die Veränderungen, die ich mir so sehr wünschte und die ich unbedingt brauchte, schienen plötzlich wie selbstverständlich in meinem Leben zu erscheinen und ich nahm sie mit Dankbarkeit an. Heute weiß ich, dass jede Erfahrung, jede schlimme Situation, jedes negative Ereignis Teil des Weges waren und dass ich sie erleben musste, um zu mir selbst zu finden und die beste Version von mir zu werden. Es geht darum dein Bewusstsein wach zu rütteln, Revue passieren zu lassen und zu erkennen wo und wie du die beste Version von dir selbst werden kannst und wie in Zukunft alles was kommt mit Dankbarkeit in dein Leben darf, weil es seine Berechtigung hat dort zu sein und einen Sinn erfüllt um dir zu helfen zu dir selbst zu finden, Selbstliebe zu erlernen und somit dein Traumleben zu erschaffen.

Um jetzt sofort eine kleine Übung der Dankbarkeit zu erleben schreibe dir auf 3 Post-its so etwas auf wie:

- „ich bin dankbar für…"
- Ich bin ein Glückskind und das Leben liebt mich
- Jeder Tag ist ein Geschenk auf der Reise zu meinem besten ICH

Bringe diese Zettel an einem Ort in deinem zu Hause an, an dem du mehrmals täglich vorbei kommst und lies sie dir dabei immer wieder durch!

Lass die Dankbarkeit in dein Leben! Glaube mir sie ist der einzig wahre Schlüssel zum Erfolg!

Nicht die Glücklichen sind dankbar, es sind die Dankbaren, die glücklich sind!

Lass die Magie der Dankbarkeit einziehen in dein Leben!

Schritt 4: Affirmationen / Autosuggestionen finden

In Kapitel 2 haben wir über innere Grenzen und limitierende Glaubenssätze gesprochen. Einige Beispiele für solche inneren Grenzen bzw. Glaubenssätze zum Thema Geld habe ich dort genannt.

„Geld wächst nicht auf Bäumen"
„Geld verdirbt den Charakter"
„Geld stinkt"
„das können wir uns nicht leisten"

Es sind diese „negativen" Aussagen, die dich immer wieder blockieren. Die Wichtigkeit des positiven Denkens ist dir mittlerweile klar, jetzt gilt es aber diese Positivität auch in die Tat umzusetzen. Unser Unterbewusstsein lässt sich trainieren und mit unserer Wunschrealität befüllen. Dazu ist es immens wichtig, dass du weißt, was du willst und dass du dann genau diese neue Realität Stück für Stück in dein Unterbewusstsein integrierst. Die gelingt uns indem wir uns positive Affirmationen suchen und über die Technik der Autosuggestion unserem Unterbewusstsein diese als unser neues Selbstbild „einpflanzen". Dieser Schritt ist ein weiterer sehr wichtiger auf dem Weg zu deinem neuen ICH. Wenn du dich an Kapitel 2 erinnerst so werden unsere limitierenden Glaubenssätze ja auch nicht durch uns selbst installiert, sondern wir nehmen sie in unserer Kindheit durch unsere nahestehenden Menschen (in der Regel die Eltern) auf. Wir hinterfragen sie meistens auch nicht, bis wir eben an einem Punkt in unserem Leben feststellen, dass wir etwas verändern wollen, dass die alten Muster nicht mehr passen, dass wir die alten Muster vielleicht gar nicht bewusst wahrnehmen, dass aber irgendetwas in unserem

Leben uns ausbremst und uns immer wieder unglücklich macht. Jetzt ist also der Zeitpunkt gekommen dir neue, positive Glaubenssätze zu Recht zu legen. Mit diesen positiven Affirmationen wirst du dann arbeiten und deshalb ist es besonders wichtig, dass du dich mit ihnen identifizieren kannst und das sie genau das aussagen, was du dir für dein neues ICH wünscht.

Ob du denkst du kannst
oder du kannst nicht, du
hast immer Recht!

Als ich zum ersten Mal versuchte meine Affirmationen zu finden, habe ich mich damit extrem schwer getan. Heute weiß ich, dass ich zu diesem Zeitpunkt noch nicht abschließend identifiziert hatte wer ich eigentlich bin oder was ich mir für mein zukünftiges Leben alles wünsche. Was ich aber z.B. ganz sicher wusste war, dass ich an meiner finanziellen Situation etwas ändern wollte. Ich wollte diesen ewigen Mangel loswerden. Klar ist Geld nicht das Wichtigste, aber meine Beziehung zu Geld war bis dahin nicht gerade die Beste und durch meine limitierenden Glaubenssätze war ich sehr gut darin immer mehr finanziellen Mangel in mein Leben zu ziehen. Da ich diesen Punkt relativ leicht als offensichtlich ausmachen konnte, formulierte ich als erstes meine Affirmationen für das Thema „Geld".

Anstatt immer zu denken: „hoffentlich reicht das Geld diesen Monat", „das kann ich mir nicht leisten" oder „Geld wächst nicht auf Bäumen" suchte ich mir neue Affirmationen:

- „Ich habe immer mehr als genug Geld"
- „Geld fließt unaufhörlich und aus allen Richtungen in mein Leben"
- „Geld ist in meinem Leben willkommen und so selbstverständlich wie Liebe und Glück"

Vergleiche bitte jetzt die alten, limitierenden Glaubenssätze, die ich über Geld hatte mit meinen neuen, positiven Affirmationen. Ich denke den Unterschied zwischen negativ und positiv erkennst du. Was aber ganz besonders wichtig ist: formuliere deine Affirmationen immer in der Ich-Form und in der Gegenwart. Das spielt eine ganz enorm große Rolle damit deine Affirmationen auch zur Realität werden können. Im Unterschied zu den Zielen, die du SMART formulierst, ist es bei den Affirmationen wichtig dass du sie so aufschreibst, als seien sie bereits Wirklichkeit. Unser Unterbewusstsein kennt kein wahr oder falsch sondern greift auf das zurück was wir als wahr erachten und fühlen.

Wenn du für deine einzelnen Lebensbereiche positive Affirmationen suchst, beachte diese beiden Punkte unbedingt. Hier sind einige Beispiele dafür:

- Ich bin ein Magnet für Reichtum, liebevolle Beziehungen, Erfolg, Gesundheit...
- Ich bin ausgeglichen und im Reinen mit mir selbst
- Ich lebe meine Berufung und meine Arbeit erfüllt mich jeden Tag aufs Neue
- Ich bin gesund
- Ich bin wohlhabend
- Ich bin genug
- Ich lebe meine Traumbeziehung in Liebe, Wachstum, Erfüllung....
- Ich genieße jeden einzelnen Tag meines Lebens in Dankbarkeit für all die Umwege, die ich gehen musste um zu meinem besten ICH zu werden...

Du hast das System jetzt verstanden? Dann mach dich daran dir deine ersten positiven Affirmationen aufzuschreiben. Sprich sie dir laut vor und fühle sie. Diese Affirmationen sind keineswegs in Stein gemeißelt, du kannst sie im Laufe der Zeit immer noch abwandeln, wichtig ist nur, dass du anfängst sie tätlich zu nutzen. Wie nutzt du sie aber richtig? Wichtig ist es, dass du sie mit Hilfe der Autosuggestion täglich manifestierst. Am besten morgens als Teil deines Morgenrituals und Abends, bevor du deine Augen zu machst um zu schlafen. Schreibe Sie dir auf (ich mache das morgens) und sprich sie dir laut vor (das mache ich abends). Fühle dabei, wie dieser neue Wunschzustand sich anfühlen kann. Stell dir vor, dass das was du aufschreibst und sagst bereits wahr ist, wie fühlst du dich „wenn" diese neuen Affirmationen zu deiner gelebten Wahrheit werden. Glücklich, frei, zufrieden, voller Freude…. Kreiere dir innere Bilder zu deinem neuen Zustand. Je mehr Sinne du ansprichst mit deinen Affirmationen, desto besser. Durch die tägliche Wiederholung (Autosuggestion) konditionierst du dein Unterbewusstsein darauf, dass diese Affirmationen nun deine neue, bessere Realität sind. Denke immer daran, dein Unterbewusstsein kannst du trainieren und ihm lernen, das zu glauben was du ihm sagst, was es glauben soll. Dieses Bewusstsein dafür, dass du deine eigenen Umstände kreierst ist doch fantastisch. Mach dir diese Tatsache ab heute zu Nutze! Verschwende keine Zeit mehr und beginne genau JETZT!

Wer du morgen bist, beginnt mit dem was du heute tust!

Schritt 5: Höre auf deine innere Stimme und übe dich in Achtsamkeit

In der heutigen Zeit sind wir so sehr damit beschäftigt zu funktionieren, zu gefallen, uns anzupassen und irgendwelchen Idealen nach zu eifern, die „scheinbar" wichtig sind um im Leben JEMAND zu sein. Dieser ganze Schein lässt uns vergessen, wer wir eigentlich sind und was wir wollen und brauchen um ein erfülltes Leben zu führen. Und zwar ein Leben, dass sich im Innern gut anfühlt nicht von außen gut aussieht. Medien und Gesellschaft gehören bereits in unserer Kindheit zu den sozialen Zonen und prägen unser Unterbewusstsein ganz enorm. Sie suggerieren uns was erstrebenswert ist und was nicht, sie zeigen uns was schön ist und was nicht, sie erstellen Idealbilder, denen wir nacheifern ohne uns großartig Gedanken darüber zu machen ob wir das wirklich sind oder wollen.

Jetzt ist es an der Zeit dein Bewusstsein zu schärfen und deine innere Stimme wieder hörbar zu machen. Sie weiß nämlich ganz genau, wer du bist, was du willst, was du suchst oder was du brauchst um deinen inneren Frieden zu finden.

Für diesen Teil musst du dir ganz bewusst Zeit nehmen und es wird etwas dauern, bis du die Fragen, die ich dir geben werde beantwortet hast. Ich möchte, dass du dies ganz bewusst tust und dich an einen deiner Lieblingsplätze zurück ziehst, vielleicht mit schöner Musik und einem Tee oder einem anderen Getränk deiner Wahl und bevor du anfängst atme dreimal tief ein und aus und lasse dich ganz auf diese Aufgabe ein. Es ist enorm wichtig, dass du in einem ruhigen Zustand und vor allem ungestört bist, natürlich ohne Handy oder andere Störquellen, die dich ablenken. Es ist sehr wichtig, dass du dich ganz mit dir selbst beschäftigst um die Ergebnisse zu erzielen, die dir auch weiterhelfen zu erkennen was deine innere Stimme dir sagen will um dich auf deinem Weg zum neuen ICH zu führen und zu leiten. Wenn du bereit dafür bist, beantworte bitte schriftlich die folgenden Fragen:

- Was schätzt du an dir selbst? (finde mindestens 10 Punkte)
- Bei welcher Tätigkeit befindest du dich im Flow? (Flow bedeutet du bist voll und ganz versunken und die Außenwelt ist egal, das was du tust fließt und erfüllt dich voll und ganz)
- Was hast du bereits als Kind sehr gerne gemacht und was war damals dein Berufswunsch?
- Was würdest du tun, wenn Geld keine Rolle spielen würde und du 1 Jahr lang tun könntest was immer du möchtest?
- Welche Vision hast du für dein Leben? Wo siehst du dich in 5 Jahren?
- Was willst du der Welt als dein Geschenk hinterlassen? Was sollen die Leute über dich sagen, wenn du tot bist? Was hinterlässt du der Welt?

- Wie bist du bisher mit Niederlagen und Enttäuschungen umgegangen und was war die schlimmste Enttäuschung in deinem Leben bisher? Was hat sie dich gelehrt?
- Was waren bisher deine größten Erfolge im Leben und warum?
- Was liebst du an dir selbst? Was schätzen andere an dir (befrage 2-3 Personen dazu)
- Was kannst du besser als andere? Welche deiner Fähigkeiten habe dir in deinem Leben zu deinen Erfolgen verholfen?

Lies dir alle deine Antworten in ein paar Tagen nochmal durch. Was fühlst du? Was erkennst du, wenn du deine Antworten auf diese 10 Fragen siehst? Welche Gefühle kommen in dir hoch? Achte ganz genau darauf was du empfindest. Kommen dir Gedanken zu deiner Zukunft? Stellst du fest, was du verändern willst und auf welchen neuen Weg du dich begeben willst? Sicher findest du die ersten Stellschrauben um dir bewusst zu werden wie dein neues ICH aussehen soll, denn wenn du dich intensiv mit dieser Aufgabe beschäftigt hast, dann siehst du nun, wie wundervoll du als Mensch bist und welche Richtung du einschlagen willst, weil nämlich alles, was du brauchst um ein erfülltes Leben zu leben bereits da ist. Du hast nur die letzten Jahre damit verbracht jemand zu sein, der du überhaupt nicht bist, weil dir irgendwelche Leute in deinem Umfeld auf diktiert haben, wie du zu sein hast, damit du in IHR Bild passt. Damit ist jetzt Schluss! Sei du selbst und finde deinen ganz eigenen, einzigartigen Weg. Jetzt bist du genau an dem Punkt an dem du lernst, dass dein Denken deine Realität formt, weil nämlich deine Gedanken zu deinen Taten werden und deine Taten dein Sein bestimmen. Nutze diese Tatsache und werde achtsam für deine

Gedanken. Achtsamkeit ist der Puffer zwischen den Ereignissen in deinem Leben und deiner Reaktion darauf. Dir muss klar sein, dass das Leben nur zu 10% daraus besteht was dir passiert aber zu 90% daraus, wie du darauf reagierst. Du selbst bestimmst zu jeder Zeit, wie du auf deine Umstände reagierst und diese Tatsache ist eine der wundervollsten Erkenntnisse, die ich dir mit geben kann. Niemand ist das Opfer seiner Umstände, wenn er/sie es nicht zulässt. Durch diese Achtsamkeit bist du ab sofort in der Lage alles zu verändern! Das ist doch einfach nur der absolute Wahnsinn! Leg deine Scheuklappen ab, geh raus und lebe dein Traumleben, du hast es verdient und die Welt braucht dich und dein Geschenk!

Vergiss alles was war und auch was sein wird! Lebe im Hier und Jetzt, das ist nämlich die einzige Zeit, die wirklich existiert. Nimm deine Vergangenheit mit Dankbarkeit an und freue dich auf deine grandiose Zukunft aber lebe JETZT! Auch du hast nur ein Leben, aber wenn du es richtig anstellst ist dieses eine Leben vollkommen ausreichend. Mache es zu deinem Meisterstück! Sei du selbst mit all deinen Stärken und Schwächen. Nimm dich an, wie du bist und entscheide dich ab sofort dafür auf dich selbst zu achten und das zu tun, was sich für dich gut anfühlt und nicht was andere von dir erwarten oder was andere von dir brauchen, damit du in ihre Welt passt. Mit dieser Energie wirst du genau die Menschen in dein Leben ziehen, die du brauchst. Wenn deine innere Stimme dir sagt, dass etwas für dich nicht stimmig ist, dann höre darauf. Reflektiere die Situation und die Umstände und triff eine Entscheidung. In manchen Fällen wird das ungemütlich, weil du dich nämlich veränderst und dein Umfeld das merken wird und sicherlich nicht jeder das gut findet. Weißt du was? Das ist auch völlig in Ordnung. Wenn du auf dem Weg zu deinem besten ICH manche verlierst oder zurück lassen musst, dann ist das eben so.

Nur wenn du auf dich achtest und mit dir im Einklang bist, kannst du dir ein Leben kreieren, das von Freude, Liebe und Zufriedenheit erfüllt ist. Lerne mit dir selbst glücklich zu sein und dein Glück mit dir selbst zu finden. Nur wenn du mit dir selbst im Reinen bist, kannst du ein erfülltes Leben führen, denn nichts und niemand gibt dir die Erfüllung außer dir selbst. Niemand kommt um dich zu retten, das kannst nur du allein. Achte in einem gesunden Maß auf dich selbst und deine Bedürfnisse, dann kannst du auch auf andere achten und für sie da sein. Das ist nicht selbstsüchtig, das ist SELBSTACHTUNG und ohne die, wirst du es niemals schaffen die beste Version von dir selbst zu werden.

Es braucht nur eins um dein Leben zu ändern: DICH!

Die einzige Konstante im Leben ist die Veränderung!

Schritt 6: Ruhepole

Um langfristig im Einklang mit dir selbst zu bleiben ist es enorm wichtig, dass du dir Ruhepole suchst und diese ganz bewusst immer wieder in deinen Alltag integrierst. An Tagen, an denen es dir gut gelingt positiv zu sein wirst du sie nicht unbedingt brauchen. Aus meiner Erfahrung kann ich dir aber sagen, dass diese Ruhepole oder Anker vor allem an Tagen, an denen es dir nicht so gut gelingt positiv oder gut gelaunt zu sein, von sehr großer Bedeutung sind. Ja es wird immer wieder Tage geben, an denen du dich müde oder auch traurig fühlst, weil das im Leben einfach so ist. Die 7 Schritte bedeuten nicht, dass du nie wieder einen „schlechten" Tag haben wirst, allerdings wird sich dein Blickwinkel verändern und du wirst mit diesen Strategien wissen, wie du mit solchen Tagen / Situationen umzugehen hast. Ich empfehle dir auch diese Ruhepole zu festen Ritualen in deinem Leben werden zu lassen, falls sie es nicht schon sind. (denke an die 66 Tage)

Was immer dir hilft, deinen Fokus zurück zu holen, deine Batterien aufzuladen und deinen Blick wieder auf das Positive in deinem Leben zu lenken, das ist hier angebracht. Vielleicht nutzt du einige solcher Techniken bereits in deinem Alltag, dann mache sie dir bewusst und bediene dich ihrer Hilfe ab sofort immer mit voller Aufmerksamkeit, wenn du merkst, dass du Zeit für dich brauchst. Auch hierbei gilt: „Sei ganz im Hier und Jetzt". Dazu werde ich dir später noch eine Übung geben, die genau diesen Namen trägt. Mögliche Ruhepole können z.B. sein:

- Lies etwas, dass dich motiviert
- Meditiere
- Progressive Muskelentspannung oder Yoga Nitra
- Geh raus in den Wald, ans Wasser oder einfach spazieren
- Malen
- Singen
- Tanzen
- Massagen (vor allem Fußreflexzonen)

Was immer dir hilft dich zu erden das ist genau das Richtige. Nutze diese Ruhepausen ganz bewusst für dich alleine. Vermeide jede Ablenkung in dieser Zeit. Es ist wichtig, dass du ganz bei dir bist und deinen Fokus zurück gewinnst. Eine Sache, die du immer tun kannst und die nicht viel Zeit in Anspruch nimmt und immer und überall ausführbar ist, ist es einfach bewusst 2 Minuten tief ein- und auszuatmen. Unsere Atmung hat einen sehr großen Einfluss auf unser Wohlbefinden. Unsere Körperhaltung und Atmung sind oftmals ständig verkrampft und wir sind an- bzw. verspannt. Als ich mit der Meditation begann habe ich zum ersten Mal festgestellt, dass ich seit Jahren immer angespannt war (Schultern hochgezogen, Kiefer verbissen...). Als es darum ging bewusst für einige Minuten tief und entspannt ein- und auszuatmen stellte ich fest, dass ich überhaupt nicht mehr in der Lage war tief ein- und auszuatmen. Ich weiß noch, dass ich damals wirklich schockiert darüber war. Nach den 30-Tagen an denen ich bei einer Mediations-Challenge teilgenommen hatte, war ich wie ausgewechselt, meine ganze Haltung und Atmung hatte sich verändert. Ich nahm meinen Atem, wann immer es ging, bewusst war und wenn ich z.B. bei meiner damaligen Arbeit merkte, wie ich wieder verspannte weil ich gestresst war, atmete ich bewusst für 2 Minuten und erinnerte mich daran meinen Körper zu entspannen. Bewusstes Atmen ist sehr wichtig und du kannst es jederzeit und überall tun.

Die **Hier und Jetzt Übung** hat denselben Effekt, weshalb ich sie dir hier noch mit auf den Weg gebe:

Setze dich entspannt auf einen Stuhl, die Füße stehen fest am Boden, die Hände liegen entspannt im Schoß oder auf den Oberschenkeln, der Kopf ist leicht nach vorne geneigt und die Schultern hängen leicht tief, der Rücken ist gerade.

Nun atme einige Male ruhig und tief ein und aus und werde dir dem Hier und Jetzt bewusst, indem du gedanklich oder laut Hier und Jetzt Sätze in der Gegenwartsform formulierst. (z.B. Hier und jetzt sitze ich auf einem Stuhl, hier und jetzt atme ich ruhig und bewusst, hier und jetzt bin ich entspannt usw.)

Du kannst gerne im Hintergrund Meditationsmusik laufen lassen. Mache diese Übung so oft du kannst umso bewusst das Hier und Jetzt zu erleben und erfassen.

Du kannst nicht aus einer leeren Tasse trinken! Achte zuerst auf dich selbst!

Schritt 7: Visualisieren

Unser Gehirn liebt es in Bildern zu denken. Ob wir uns Wissen aneignen oder uns unser zukünftiges Leben vorstellen, mit Bildern geht alles viel schneller und wirkungsvoller. Die Technik des Visualisierens funktioniert deshalb so gut, weil wir durch die entstandenen Bilder viel schneller erkennen, worauf es uns ankommt und unser Gehirn mit diesen Bildern auch arbeiten kann. Diese Bilder werden vom Unterbewusstsein viel effektiver verarbeitet als Buchstaben oder Zahlen. Daher ist es der letzte wichtige Schritt den du gehen musst um dir dein Traumleben zu erschaffen und auch in schwierigen Situationen schnell zu erkennen wo die Lösung liegt anstelle dich auf das Problem zu fokussieren.

Auch die Psychologie bedient sich dieser sehr effektiven Methode all zu gern. Gilt es in der psychologischen Arbeit ein Problem zu analysieren hilft es dieses zu visualisieren. Bilder zum Problem zu zeichnen oder Zusammenhänge damit darzustellen (Struktogramm) verschaffen uns eine Vogelperspektive. Diese Perspektive ermöglicht uns von oben auf die aktuelle Situation zu schauen und so erkennen wir viel leichter und schneller wo wir eigentlich gerade stehen. Das wundervolle daran ist, dadurch, dass eine Situation visualisiert wurde, finden wir auch viel schneller eine passende Lösung.

In den vorhergehenden Schritten hast du dich intensiv mit deinem neuen ICH beschäftigt. Jetzt geht es daran, dieses neue ICH sichtbar zu machen. Es geht darum deinen Erfolg beim manifestieren noch zu ergänzen und es so zu schaffen dir deine neue Realität zu schaffen. Wie ich vorher schon erwähnt hatte, je mehr Sinne du beim Manifestieren ansprichst, desto besser.

Außerdem ist es besonders wichtig im Laufe deines ganz persönlichen Wachstumsprozesses auch die Teilerfolge für dich sichtbar zu machen. Das hält dich langfristig motiviert und du kommst viel schneller und leichter an deine gesteckten Ziele.

Weil Visualisieren so wunderbar funktioniert möchte ich dir hierzu 2 Techniken geben, die dir helfen dich zu fokussieren und zwar einmal bei der Erreichung deiner neuen Ziele und zum anderen bei der Analyse der schwierigen Situationen.

Technik 1: Visionboard oder Zielcollage

Besorge dir einen großen Tonpapierbogen, eine Pinnwand oder einen Bilderrahmen. Suche dir Bilder (Fotos, Ausschnitte aus Zeitschriften oder suche dir im Internet Bilder) aus, die zu deinen gewünschten Zielen passen, die sich für dich stimmig anfühlen und das zeigen, was du erreichen willst. Schneide sie aus und erstelle dir deine Zielkollage. Ich unterteile mein Visionboard in kurzfristig (innerhalb der nächsten 1 – 2 Monate), mittelfristig (innerhalb eines Jahres) und langfristig (in den nächsten 5 – 7 Jahren). Gestalte dein Board ganz nach deinen Wünschen und hänge es in deiner Wohnung auf. Aus meiner Erfahrung eignet sich dazu besonders dein Schlafzimmer, so kannst du morgens und abends immer einen Blick auf deine Ziele werfen und dir vorstellen, wie du in deiner neuen Realität lebst. Nutze das Board dazu zu sehen, wie dein Leben aussieht und blicke gedanklich darauf in liebevoller Dankbarkeit dafür, dass du alles erreichst, was du dir wünschst. Du kannst dabei auch einen Musiktitel abspielen, der dich in positive Stimmung versetzt und den du dann immer mit deinen Zielen verknüpfst, egal wann und wo du ihn hörst. Du wirst sehen, dass du Vieles davon scheinbar wie von selbst erreichst.

Technik 2: Visualisierung eines PROblems

Wenn du feststellst, dass du gedanklich in einem PROblem fest steckst und es dir schwer fällt dich trotz aller Techniken davon zu lösen oder die Lösung zu erkennen, dann visualisiere dein Problem.

Nimm dir ein weißes Blatt Papier und bunte Filzstifte. Überlege dir nun wie du dein Problem zeichnen willst und tue es. Welche Details sind wichtig und brauchen Platz auf deinem Bild? Welche Bedeutung haben deine verwendeten Symbole? Betrachte dein Bild aus der Vogelperspektive und versuche die Lösung zu erkennen und zeichne deine Lösung ggf. auf ein gesondertes Blatt. Du veränderst durch diese Technik deine Perspektive auf deine Situation und du erreichst, dass du die Problemtrance aus deinem Gedächtnis auf ein Blatt Papier verlagerst. Erkennst du die Lösung auch nicht gleich sofort, so kannst du es dir zu einem späteren Zeitpunkt wieder her nehmen und dich damit auseinander setzen. Wenn du jetzt denkst: „ich kann aber nicht zeichnen!" dann schreibe deine Gedanken als Text auf und lege sie beiseite. So hast du sie aus deinem Kopf und kannst jederzeit darauf zurückgreifen wann immer du dich dazu bereit fühlst nach einer Lösung zu suchen.

Mir persönlich hat die Visualisierung in beiden Fällen schon so viel Positives gebracht. Mein erstes Visionboard habe ich 2017 erstellt und die kurz- und mittelfristigen Ziele mit einer einzigen Ausnahme auch alle erreicht. An den langfristigen arbeite ich noch aber auch da gibt es schon einige Meilensteine. Wichtig ist auch, dass du dir deine Teilerfolge sichtbar machst. Hierzu eignet sich zum Beispiel das Führen eines Erfolgsjournals. Darin reflektierst du entweder täglich oder zumindest 1x pro Woche, was dir gut gelungen ist. So hältst du dich motiviert.

Wenn du davon träumen kannst, kannst du es auch erreichen!

Kapitel 5

Investiere in dich selbst!

Was ich über all die Jahre gelernt habe ist, dass die einzige rentable Investition immer die in dich selbst ist. Persönlichkeitsentwicklung ist unabdingbar, wenn du dich selbst finden willst und du deine Lebenskrisen meistern willst. Nur ein starkes Mindset wird dir auf Dauer helfen etwas Grundlegendes zu verändern. Auch wenn du bisher damit nicht viel am Hut hattest, solltest du ab heute damit beginnen kontinuierlich in dich und dein persönliches Wachstum zu investieren. Bücher wie dieses sind kleine Schritte auf deinem Weg aber auch sie machen einen gravierenden Unterschied. Positive Erfahrungen, Inspiration durch die Geschichten anderer Menschen, Erfolgsgeschichten von berühmten Menschen und vor allem das Backgroundwissen dahinter (woher kommen sie, was sind ihre Geschichten, sind sie wirklich immer in ihrem Leben privilegiert gewesen...) tragen zu deinem ganz persönlichen Wachstum bei. Wie ich dir bereits vorher erzählt habe, hat mir das Buch „The Magic" den endgültigen Schlüssel zur positiven Veränderung geliefert, aber bereits davor habe ich viele einzelne kleine Teile in Bezug auf mein persönliches Wachstum gefunden. Seit über 2 Jahren poste ich jeden Morgen Motivationssprüche in den sozialen Medien. Zu Beginn habe ich das für mich selbst gemacht um motiviert zu bleiben und jeden Tag positiv zu starten, mittlerweile habe ich viele treue Follower, die dieses tägliche Ritual sehr schätzen. Ich mache das, weil ich weiß, dass ich so irgendjemanden auf der Welt inspirieren kann auch positiv in den Tag zu starten und dieser

Gedanke erfüllt auch mich mit Freude und Dankbarkeit.

Lesen ist eines der einfachsten und effektivsten Dinge, die du tagtäglich tun kannst um dich persönlich weiter zu entwickeln. Daher findest du am Ende des Buches auch noch einige Literaturhinweise.

Was kannst du noch tun, um persönlich zu wachsen? Du kannst dir zum Beispiel einen Mentor suchen. Jemanden, der bereits da ist, wo du hin willst. Jemand, der den Weg bereits gegangen ist und der dich inspiriert, aber auch anleitet, welche Schritte notwendig sind und wie du sie am besten umsetzen kannst. Dieser Mentor hat sicherlich auf seinem Weg bereits einige Fehler gemacht, die du mit seiner Hilfe vermeiden kannst und dich so auf direktem Weg zu deinem Ziel befördern kannst. Alle erfolgreichen Menschen haben Mentoren. Was denkst du warum das so ist? Weil niemand alles alleine schaffen kann und das auch gar nicht muss. Suche dir Gleichgesinnte und Unterstützer. Suche dir Menschen, die deinen Weg mit dir gehen. Wenn du deinen Fokus auf das lenkst was du willst werden dich plötzlich solche Menschen auch einfach ansprechen und in dein Leben treten. Achte auf die Zeichen und höre immer auf deine Intuition. Lasse Menschen in dein Leben, die dich dazu anspornen dein bestes ICH zum Vorschein zu bringen und halte dich fern von all den Energiefressern und Jammerern. Du musst dich selbst pushen und dich mit Menschen umgeben, die so denken wie du. Offen, positiv und ehrgeizig! Dein Umfeld sollte immer das Beste aus dir herausholen und dich nicht zum Grübeln oder Zweifeln anstiften.

Die beste Investition ist immer die in dich selbst!

Bilde dich persönlich weiter. Ich meine damit nicht nur fachlich sondern auch emotional. Suche dir Menschen, die dich motivieren und die du bewunderst und besuche deren Seminare oder höre dir ihre Audiodateien an und lies ihre Bücher. Folge ihnen in den sozialen Medien. Mit der heutigen Technik ist das alles zum Greifen nah und du musst häufig nicht einmal Unsummen an Geld investieren.

Ich habe in den vergangenen Jahren viele Seminare und Vorträge erlebt und gehört. Manches war absolut atemberaubend anderes wiederum war eine Erfahrung, die ich nicht unbedingt ein zweites Mal brauche. Aber jedes Mal habe ich definitiv etwas mitgenommen. Selbst auf den eher schlechten Seminaren war immer etwas Positives dabei und meistens habe ich mindestens einen interessanten Menschen dort kennen gelernt, den ich sonst nicht getroffen hätte. Alles hat immer etwas Gutes, denke immer daran. Probiere dich aus, gehe neue Wege und sei immer offen und wachsam für die Zeichen. Höre auf deine innere Stimme, sie wird dir immer zeigen was gut für dich ist. Stelle deine Antennen auf Empfang. Sei offen für Neues und probiere Dinge aus, die du bisher noch nie gemacht hast. Verlasse deine Komfortzone! Klar, alles was du bereits kennst und was bisher mehr oder weniger förderlich war, ist bequem. Du kennst es und du brauchst dich nicht damit auseinandersetzen. Etwas Neues zu tun erfordert zunächst den ersten Schritt. Dieser erste Schritt kann aber dein Leben verändern. Was kann denn schlimmsten Falls passieren? Ganz genau, du machst eine neue Erfahrung! Ob dich diese weiter bringt oder ob sie nur eine neue, einmalige Erfahrung bleibt spielt erst einmal keine Rolle. Wichtig ist, dass du immer weiter gehst! Sei achtsam und höre in dich hinein. Alles was sich gut anfühlt bringt dich weiter. Lerne konsequent und beständig zu sein. Rom wurde auch nicht an einem Tag gebaut und genauso kannst du nicht dein ganzes Leben in einem Moment verändern. Schritt für Schritt geht es aber und dazu ist es wichtig, dass du persönlich wächst und dich weiter entwickelst.

Lies so viele Bücher wie möglich, höre dir motivierende Audiodateien an, geh auf Seminare, besuche Workshops, melde dich zu Webinaren an, whatever…. Just move on!

Motivation stammt vom lateinischen Wort „movare" sich in Bewegung setzen. Setz dich in Bewegung, starte deine Fahrt im Abenteuer Leben und bleib am Ball. Mit einem offenen Wesen und der Achtsamkeit dafür was dir gut tut wirst du immer die richtigen Entscheidungen treffen.

Kapitel 6

Dein Aktionsplan – starte JETZT

Wie versprochen möchte ich dir jetzt noch einen Aktionsplan an
die Hand geben, der dich in deinem Prozess weiter unterstützt.
Vieles hast du in den vorhergegangenen Kapiteln gelernt und die 7
Schritte haben dir die Tür geöffnet für deine Zukunft, wie du sie
dir wünscht. Mein Aktionsplan beschäftigt sich nochmals
ausführlich mit dem Thema „Dankbarkeit" weil sie, wie ich
festgestellt und an mir selbst erfahren habe, der einzige und
wahre Schlüssel ist um dein Leben nachhaltig hin zu mehr
Positivität, Willenskraft, Lebensfreude und Durchhaltevermögen
zu verändern.

- Schreibe jetzt 3 Dinge auf, für die du heute dankbar bist
- Lies dir diese 3 Dinge laut vor und sprich nach jedem
  Dankbarkeitssatz: „Danke, danke, danke!"
- Suche dir einen Dankbarkeitsstein und lege ihn auf dein
  Kopfkissen. Bevor du heute Abend deine Augen schließt,
  nimmst du ihn in deine Hand und sagst dir eine Sache, für
  die du dankbar bist, dass sie heute passiert ist. (mache das
  ab sofort täglich)
- Lade dir meine „5-Minuten bevor du schläfst" Meditation
  herunter und höre sie dir jeden Tag bevor du ins Bett
  gehst an
- Achte auf deine Ausdrucksweise, sprich nicht mehr vom
  Mangel oder Problemen, sondern sprich positiv und erfüllt

- Fokussiere dich nicht auf alles was (noch) nicht klappt, sondern auf die Lösung und den von dir gewünschten Endzustand
- Formuliere deine 3 nächsten und wichtigsten Ziele (denke dabei an die SMART-Formulierung) und mache dir bewusst, dass es kein Ziel gibt, dass jemals zu groß ist, Grenzen existieren nur in deinem Kopf
- Überlege dir, welches neue Buch du dir als nächstes holst/anhörst, bleibe am Ball
- Gib dir selbst ein schriftliches Versprechen, dass heute der erste Tag deines neuen Lebens ist und dass du absolut überzeugt davon bist dein Leben in eine neue Richtung zu lenken und alles sein und haben kannst/darfst was du dir erträumst
- Falls du es noch nicht gemacht hast dann überlege dir jetzt welche Morgenroutine du ab sofort jeden einzelnen Tag in dein Leben integrierst und gib dir das Versprechen diesem Weg mit aller Konsequenz zu folgen!
- Wenn dir mein Buch und das was ich dir darin nahe bringe gefällt, dann folge mir auf Instagram eye_empoweryourself und du erhältst weiterhin tägliche Inspiration und Motivation

Heute ist der erste Tag
vom Rest
deines Lebens!

Kapitel 7

Es heißt LEBEN nicht überleben – Geh raus und werde die beste Version von dir SELBST!

Du bist jetzt bereit alles zu sein und zu haben was immer du willst. Du hast in den vergangenen Kapiteln viel darüber gelernt, wie du die beste Version von dir selbst werden kannst und ich sage es dir nochmal: DU alleine entscheidest, wie deine Tage aussehen, ob du glücklich oder traurig, entspannt oder verbissen, gesund oder krank, motiviert oder desinteressiert bist. DU ganz alleine hast den Schlüssel zu deinem Traumleben. Sperre das Schloss jetzt auf und geh raus und lebe! Falls es dir noch nicht bewusst geworden ist: auch du hast nur dieses eine Leben und ich wünsche dir, dass dir mein Buch dabei hilft daraus jetzt dein ganz persönliches Meisterstück zu machen.

Entscheide dich ab heute jeden Tag ganz bewusst dafür glücklich zu sein und das Beste aus jeder Situation zu machen. Aufgeben ist niemals eine Option. Gewinner geben niemals auf und Menschen die aufgeben gewinnen nie! Du bist der Architekt deines Meisterstücks namens Leben und du ganz alleine bist dafür verantwortlich wo dein Weg ab heute hin geht. Natürlich werden Tage kommen, an denen es dir schwerer fällt oder du denkst, dass nichts vorwärts geht aber genau an diesen Tagen ist es umso wichtiger, dass du dich auf die 7 Schritte zurück besinnst und dabei bleibst. Durchhaltevermögen und das Versprechen an dich selbst jeden Tag dein Bestes zu geben, egal wie schwierig es manchmal erscheinen mag, das wünsche ich dir. Ich habe in den vergangenen 4-5 Jahren wirklich sehr viele Höhen und Tiefen erlebt, aber heute kann ich dir sagen, dass all das notwendig war um zu meinem besten ICH zu finden. Auch ich habe schlechte Tage, was ich aber an all diesen Tagen mache, egal ob ich Lust darauf habe oder nicht, ist mein Morgenritual 10 Dinge für die ich dankbar bin aufzuschreiben, meine Affirmationen aufzuschreiben und meine Autosuggestion zu sprechen und zwar an jedem einzelnen Tag seit über 2 Jahren. Genauso gibt es jeden einzelnen Tag meine Motivations-Posts in den sozialen Medien, das Gute daran ist, dass sie auch mich motivieren wenn ich selbst einen Durchhänger habe. Tue was immer dir gut tut und hilft motiviert zu bleiben und ich verspreche dir, dass sich ab heute alles zum Positiven verändern wird.

Eines meiner größten Idole ist Oprah Winfrey. Sie ist für mich der Inbegriff dessen, was möglich ist, wenn man seine Ziele kennt, diese verfolgt und konsequent auf sich selbst achtet und dabei aber auch anderen Gutes tut. Und wie du vielleicht weißt hatte sie alles andere als eine gesegnete Kindheit. Im Folgenden gebe ich dir noch einige Ihrer Zitate mit auf den Weg, die mir immer wieder weiter geholfen haben und die ich wie ein Mantra verinnerlicht habe. Wer weiß, vielleicht greifst du an manchen Tagen auf das ein oder andere zurück um dich wieder zu fokussieren oder das große Ganze nicht aus den Augen zu verlieren:

➤ „Du bist, was du bist, durch das, woran du glaubst."

➤ „Wenn du die Ziele deines Lebens erreichen willst, musst du mit dem Geist anfangen."

➤ „Ich hatte keine Ahnung, dass ein authentisches Selbst mich so reich machen konnte, wie ich es heute bin. Hätte ich das gewusst, hätte ich das viel früher gemacht."

➢ „Wenn du dankbar für das bist, was du hast wirst du am Ende mehr haben. Wenn du dich darauf konzentrierst, was du nicht hast, wird du niemals genug haben."

Kapitel 8

Buchempfehlungen und weitere Materialien

Diese Buchauswahl kann ich jedem, der persönlich wachsen will nur wärmstens empfehlen!

- The magic – Ronda Byrne
- The secret – Ronda Byrne
- The power – Ronda Byrne
- The greatest Secret – Ronda Byrne
- Der Alchimist – Paulo Cohello
- Think and grow rich (Denke nach und werde reich) - Napoleon Hill
- Das Kind in dir muss Heimat finden – Stefanie Stahl
- Jeder ist beziehungsfähig – Stefanie Stahl
- Der Tag an dem sich alles änderte – Thomas Klußmann
- Rock your life – Rudolf Schenker
- Die Gesetze der Gewinner – Bodo Schäfer
- Sprenge deine Grenzen – Jürgen Höller
- The big five for life – John Strelecky
- Three magic words – Uell S. Andersen
- Glückskinder – Hermann Scherer
- Honigperlen – Melanie Pignitter
- Das 6-Minuten Tagebuch – Dominik Spenst
- Das Café am Rande der Welt – John Strelecky
- Jetzt – Eckart Tolle
- Was ich in meinem Leben gelernt habe – Oprah Winfrey

Außerdem gibt es einige weitere Materialen, die du dir unbedingt ansehen, anhören oder durchlesen solltest bzw. inspirierende Personen, denen du in den sozialen Medien folgen kannst:

- Tony Robins
- Dr. Wyne Dyer
- Jake Ducey
- Bob Proctor
- Oprah Winfrey
- Bryanna Emma Black u.v.m.
- Bodo Schäfer
- Dirk Kreuter

Instagram:

- _magicmums_
- lukemindpower
- silja.mahlow
- proctorgallagher
- lawofattractionworld
- garyvineymindset
- honigperlenmelanie
- gedankentanken

Notizen:

_____
_____
_____
_____
_____
_____
_____
_____
_____
_____
_____
_____
_____
_____
_____
_____
_____
_____
_____
_____
_____
_____
_____
_____
_____
_____

_____

_____

_____

_____

_____

_____

_____

_____

_____

_____

_____

_____

_____

_____

_____